Paul Gisi

Irr traumwirr
das Leben

Liebesgedichte

Bibliographische Information der Deutschen National-
bibliothek: Die Deutsche Nationalbibliothek verzeichnet
diese Publikation in der deutschen Nationalbibliogra-
phie, detaillierte bibliographische Daten sind im Internet
über http://dnb.dnb.de abrufbar.

© 2024 Autor: Paul Gisi, op.141
Umschlagbild Ludwig Weibel
Herstellung und Verlag:
BoD – Books on Demand, Norderstedt
ISBN 9783758319716

Paul Gisi

Irr traumwirr
das Leben

Liebesgedichte

Inhalt

I

Umarmt vom Unfassbaren

Zusammenhänge sind meist dort zu entdecken, wo es keine gibt: im Rausch, in der Liebe, in der Ekstase, in den Labyrinthen des Universums.

Paul Gisi

Umarmt vom Unfassbaren –

ich spüre deinen Atem
HAUTANHAUT

unauffindbar
in der Verlorenheit

•

Rauschhaft liebestrunken

bei dir sein
      ZEITVERGESSEN
          mit Visionen
      der Lust und des Geists

•

Meerengen der Angst durchfahren

Meridiane der Täuschung
wahr werden lassen

•

Dein Atem
ein lippenblühender Wind

traumverfangen
als Ganzheit Sinn und Geist

•

IRR weiss
breitet sich Schweigen aus

amorphe rauchige Schatten
nähern sich

BORODINDUNKLE STRÖME

.

Nacht im Auge
als es keine Stunde mehr gibt

Echnaton schweigt

wir sind alle verloren

.

Die Weissbeerige Mistel
klammert sich
an Jupitersatelliten

Trabantenschatten
ziehn über deine Lippen

    wie eine Stimmgabel
    des Untergangs
    dieser finstere Wurm

.

Bauchnabelsynkopen
spiralen sich delirierend
    TRAUMRISSIG
        um Lenden
            wie Geigenhälse

.

WIR TRINKEN UNS

das Licht des Universums
vollendet die Rose

silbern
die Windsträhnen
im geologischen Atem

IM DRACHENAUGE TANZEN

•

Deine schlanken Finger
sind Milchstrassen
Feldmohn Notenhälse

– ortlos wortlos geworden
der Raum die Zeit

•

Polyamorer Abendwind
bei den Blumen
im violettdunklen Traum

    ein Angesprochensein
    der Fülle
    im Lidschlag der Welt

ich erkenne dich
in den Blitzen

•

Feuerstürze in lustgeilen Träumen

Grappa di Amarone auf der Zunge
IM SANDKORN UNIVERSUM
in der Täuschung des Geists

•

Verloren die Balance
zwischen den Welten
        der Fülle und der Leere

umherirrend das letzte Licht

                •

DIE ROTE SEEROSE
in der bauchigen Weinamphore
lacht der aus der Nacht
hervorbrechenden Sonne zu

was jetzt geschieht
ist nicht mehr sagbar
                ausser
        wir erfinden die Welt neu

                •

Spiralnebel Feuerschwämme
Schleimpilze Fäulnisbakterien

                schrundige Träume
                        hängen
        zerfetzt im Atem

                •

Nach den Schrecknissen der Liebe
ins Oratorium des Universums sinken
und sich wieder finden
in der Freiheit der Schönheit
UND DER SCHWERELOSIGKEIT

                •

Der Wind bringt Hoffnung

Rücken an Rücken
sitzt die Erinnerung
in Erwartung – an nichts

·

Das Universum dehnt sich
als Celloklang
in deinem Atem aus
        in der Balance
        der Ideen und der Lust

UMFASST VON WEITEN
GEGENWINDEN
IM ABGRUND AUS LIEBE

·

Gespinstgewebe
um die Galaxienorgelpfeifen
im Traum ohne Grund

wir strömen ineinander
in der Erfüllung
RETTUNGSLOS

    die Sumpfdotterblume lacht

·

II
Irr traumwirr das Leben

13

Wind über den Wanderdünen
WORT

    Kuss brandet in Kuss

    Feuerkugeln brennen
    in Meteorkratern
    des Herzens

NACHTGEHÖHLT DIE WELT
IN DEINEN AUGEN

    •

Im Schwerkraftfeld
von Myriaden Sternen
Sonnentau mit seinem Moospolster sammeln

mit Demokrit
etwas von Kosmogonie murmeln

ein Juwel
aus der Tiefe des Ozeans holen

bei dir bleiben

    •

Rot und Weiss die Vollkommenheit –

Trunkenheit Baudelaires in der Lust –

    •

Ezechiel lesen
im Rosendorn singen

LUSTINLUSTANBETEND

    •

Wörter wie fremde Wurzeln

      die Lebensweise
      DES GEHEIMNISSES
      erkunden

sich nähern sich entfernen
mit dem Geist ins Leere schauen

KÖRPERANKÖRPERNACKT
S I N G E N

•

Mit deiner Hand
das Weltall umfassen

über Unterscheidungen lächeln

      nichts zu erfassen
im Augenflimmern
im Blindsein *zu sehen*
SICH ZU SPÜREN

•

In einer Philosophiegeschichte zu blättern
ist wie Wind zwischen den Zehen –

mit dir gehe ich
überall hin

•

Dein schlanker nackter Körper
flammt bei mir auf
ein Prachtparadiesvogel –

o alte Krabbe!
was träumst du daher

•

Ich betrachte deine Finger
als Notenfähnchen der Liebe –
die Nacht träumt im Quarzglas der Zeit
der Kosmos ist eine Wucherblume
der Knochenfisch schwimmt ins Nichts
wir brennen Ton von Mund zu Mund

– mit Harzöl salben wir uns

•

Dein glockenförmiger Körper
eine Glimmerraupe –

ICH BETE DICH AN
versinke in dich

•

Ein Rondo die Bahn der Galaxie
in den Traumäonen des Schlafs –

wir sind alle Schlafwandler
des Nichts des Seins

•

Gott ist eine Aalquappe
in galaktischen Entsprechungen
        LUSTWESEN
        GEISTWESEN
IM AUGE DAS NIE SCHLÄFT

auf den Wegen der Täuschungen
deine Hand halten
Wahrheiten meiden

MIT DEM WIND LACHEN

.

Ich entferne mich unaufhaltbar
auf die eigne Mitte hin

          liebe es zu verschwinden
in der Braunen Haselwurz
in einem namenlosen Sternbild
Gott zu kosten in der Blauen Nesselqualle

TRUNKEN VOR LEBENSGLÜCK
BLEIBEN

.

Mit Spiralgalaxien im Atem
dich finden dich verlieren

versiegelt die Schriften
von Zuneigung von Abneigung
        hinter deiner flammenden Stirn

Wasserspinnen hüpfen
im Perseidenstrom umher –
        in Sirius` Hundstagen
zusammen zechen
bei Alkaios` Trinkliedern
am Ufer Acherons

.

Wesensverhüllungen
Wesensenthüllungen
        ein Schweigen in brennenden Farben
in deinen Augen DU

        wurzeltief zimtweberflink
mit Gedanken des Fleckenwels
im Accelerando der Lust des Seins

·

In der Tropfsteinhöhle ANGST
GESPENSTERBALALAIKAKLANG

        jetzt
    miteinander zu züngeln
            J A

·

Alles ist Tao
im Einsseins des Geists –
        die Evolution
    eine Lichterkette

IMAGINÄR SURREAL
IM GROSSEN STROM
VERSINKT ALLES

·

Dein Körper eine Oleanderblüte
ein schlangenartiger Wassergeist

dein Gesäss eine Mirabelle
dein Geschlecht
eine Doldige Schwanenblume

ein Notenschlüssel
zur Unendlichkeit

ALLE DINGE SIND BILDER
halte sie fest
lass sie los

·

Im Lied der Uferzaunwinde
im Röhricht der Lust
höre ich Erkennen

        ich stopfe Sonnen
        in meine Pfeife
lade dich ein
mit mir zu schlafen

·

Angst Schmerz Verzweiflung
brennen sich ins Blut ein

LEID VERDUNKELT DIE SONNE

·

Irr traumwirr
die Geschöpfe lieben
        erinnerungsgespinstig
FREI WERDEN
in den Luftwurzeln des Ich
mit Ibis der Göttin Isis

        den grossen Atem spüren

·

Weit hinter allen Täuschungen
DIE TÄUSCHUNG DES ERKENNENS

am Flussufer sitzt der alte Dichter
Pfeife rauchend
        erinnert sich
      an Lust und Qual

            mit Spiralgalaxien
            in der Hosentasche
            dich finden
            dich verlieren

                •

Der Himmel brennt –

der Atem ein Feuerstrom –

Flammenhände entzünden den Leib

      MIT DIR
MIT A L L E M
GROSSBRAND WERDEN

            •

Wir fallen liebeslustsüchtig
übereinander her

WELT GESCHIEHT NEU

            •

Verwirrt verirrt
in der Kleeseide
      im Muränenauge
            IM TROMMELWIRBEL
DER VERZWEIFLUNG

21

fern
höre ich eine liebeslustbeseligende Melodie
die mich ruft

      so sanft so sanft

•

Für dein DU sein
für dein DA sein
D A N K E

     Für M. H.

•

Irr traumwirr
ziehn Jahrtausende vorbei
    RUHELOS
im Blutstrom der Menschheit

stumpfsinnige Fliegen
tändelnde Schmetterlinge
schönheitstrunkne Blüten
alles zum Gelächter der Galaxien

•

Bewegt bleiben
    bewusst werden
        vergessen
den Tanzschritt der Leere einüben

als Amöbe zu Gott strömen

•

Hinter siebentausend Täuschungen
weitere siebentausend Täuschungen
wir haben sie alle taumelnd gezählt
mit dem Indigofink
mit den Sternen Venus und Amor
lachend bei einer alten Flasche Wein

•

Die Milchstrasse ein Aronstab –
        züngelnde Dämonen
        rasen durch die Ganglien
Schatten von Riesen
umklammern das Herz

        untrennbar
        URSACHLOS
leuchtet mystisches Entflammtsein
in den letzten Verlorenheiten

•

Ein Fest für die Augen
das Nachthimmelskaleidoskop

        du sitzt mir gegenüber
        ich bin bestürzt
        über deine Schönheit

•

Mit dir zu schweigen
in der Nacht
bevor die Sonne zu Worten aufersteht
ist mir ein unfassliches Wunder

Ferne wird nah

•

Wie flüchtig diese Lichtjahrmillionen!

     – eine Drossel ruft

  und jetzt
  dem Bettler die Tür öffnen
  ihn umarmen

•

Aus der Lebensmitte heraus
  rasende Lust
   EKSTASE
   MIT DIR IN DIR

  es gilt
die Runen zu entziffern
im Untergang

•

Wir berechnen nichts
strudeln mit allen Gedanken
bachab

  im Brandungsgeröll des Seins
  singen

•

Die Sonne tanzt
im Rausch der Magnolienblüten

  aus Erdrissen
  flammen Träume
fallen in galaktische Kerne
in deinem Herz

•

Trunken cellovirtuos entfaltet sich Nachtlust
in der Flussperlmuschel
flüstern imitierende Stimmen

EININEINANDERSICHFINDEN
        tropft
     Unsägliches ins Blut
SAGT   J A

•

Dein Auge ein Rubinglas
     rotblitzend

     mit dir
BRUSTANBRUST
Landschaften hinter allen Grenzen vermessen

wissen wollen
was der Feuerwurm längst weiss

•

In der Oboe d`amore
fächert sich Sphärengesang auf

Asteroiden Meteore
Kometen Sternschnuppen
rasen kopflos durchs Blut

wie gut dass du da bist
mich hältst

•

Milchstrassen
Körperflimmerhärchen der Engel

    niemand weiss
was GEIST ist

doch *wir* sind uns
PULSINPULS
begegnet
    waren ununterscheidbar vereint

•

Du bist schön wie eine Feuerkoralle
ein Labyrinthfisch ein Adagio –

    Lichter von Erscheinung und Leerheit
blenden

über deine heimlichen Buchten
weht ein Südwind
bringt Nelken- und Rosmarinduft mit

    ich küsse dich

•

WANGEANWANGE
INDASEINSLUST

•

Musik webt Entzücken –

    endlich wollen wir
    nichts wollen
einfach vorbehaltlos *sein*
wie der Violette Safran
die Waldohreule die Meerbrandung

NACKT IM UNIVERSUM

●

Deine flimmrigen Lippen
auf meinem Körper
sind Gesang
wucherndes Springkraut
Beerentang Sonaten

WIRBETENUNSAN
Intervalle in Sechzehntelnoten
WUNDERÜBERWUNDERMITDIR

●

Die Nacht mit ihren Eulenaugen
schaut mich an
es geschieht Unaussprechliches
wir haben uns
        im Geheimnis
                ekstatisch lieb

●

Deine Augen Tautropfen des Alls –
DU STÜRZT IN DU

●

III
Mit dem viellippigen Wind

29

Nachtquer fiebrige Träume

ich liebe die Galaxien
diese liebenswerten irren Vagabunden

wollüstig
TANZT DAS NICHTS
IM SILBERSCHUPPENHAUS

•

FLAMMENLIPPFISCHIG RAUSCHHAFT
in der ursprünglichen Lebenslustfreude
in der Springflut *zu dir*

die weisse Wasserrose
liebkost den schweigenden Mund

•

Pelikanaale in meinen Adern

verschleiert verhüllt
der Weltensinn

– *verrück*t werden
in der Lust im Geist
MIT DIR TANZEN

•

Leerheit und Erscheinung
ruhen sich aus
in der ruhig atmenden Brust

die Geigenschnecke lacht

und *wir* fallen übereinander her

•

Untrennbar verbunden
Lust und Geist
        Sinnestäuschungen
            und Fülle

Visionen erhoffen
in der Imagination

INS FEUER FALLEN

·

In Zungen reden
mit dem viellippigen Wind

            wie ein Riese
        wandert die Singzikade
        durch planetarische Nebel

mystisch surreale Landschaften
breiten sich aus

·

Windarme strecken sich aus
und umfangen deinen Körper
            die Sonne lacht dazu

wir haben uns verloren
        fallen
            und nirgends
eine geöffnete Hand

·

Ich schenke dir den züngelnden Blumenstrauss
der Sinnestäuschungen der Leere der Fülle

abzutauchen
in sich selbst hinein
        entflammbar bleiben

WIR SCHULDEN UNS NICHTS
AUSSER UNSER LEBEN

●

Der Segelfalter ein Himmelsbotschafter
der Liebe der Schönheit
DER SEINSANBETUNG

        verdunkelt
die Erscheinungen
im Facettenauge der Schöpfung

– um von den Lesarten des Lebens
zu *hören*
begib dich hinter die Grenzen

●

Flammen irrer Schönheit –

EINATMEND RETTUNGSFERNES
im Staub des Universums

Klarheit durchflutet mich
wie ein brennendes Licht

●

Alle Farben der Welt
glühen in deinen Augen
deine Lippen schmecken
wie alter Wein
mit der Glut der Berberitzen auf der Zunge

wir wachen zusammen auf
in der Magellanschen Wolke

Wind umkörpert uns
wir lösen uns auf
ins Wesenlose
eng umarmt
befreit
im Ineinander der Lust
        schattengezeichnet

                    Für Al Sabi
                    Collioure

                •

Milchstrassen als Seidenraupen –
Galaxien biegen sich
im Weltallwind
wie Binsen hin und her

        Dunkles wolkt in meinem Blut

ich küsse deine Haut

                •

Dein Körper
eine orgelnde Muskattraube –

wie eine Parabel der Perseidenstrom

ein Wind fliegt dahin
vom Nichts ins Nichts
        Kieferzweige grüssend

ich liebe die Mosaiklibelle
die Harfenistin in den Träumen

                •

Sternbilder wanken als Farngewächse
in der Endlosigkeit des Herzens

Sokrates lacht
und trinkt Dattelpalmenwein

ich
trinke das Wasser des Vergessens

•

Dein Körper fluoresziert
im Sternbild Chamäleon
in den Blüten
der Zimterdbeere

Wolkenquallen tanzen
GESPENSTISCH
IRR INEINANDER VERLIEBT

ein Wasservogel ritzt den Himmel

Finger wie Lianen
finden das Geschlecht

•

Erinnerungen rauschenden Winden übergeben

nachts
in der Stille
schweigen vergessen

LIEBESLUSTJUBEL

Schmerzen beiseite schieben
im Seinsaufschub

MIT DIR LEBEN

•

Wir finden uns im Rausch des Weins –
schmiegen uns nahe
an ferne Akkorde

dein Atem eine Sphinx
deine Stirn eine Rose

    die Schöpfungstage
beginnen mit dir

•

IM CEMBALOSILBRIGEN WIND
TANZEN

glockige Luftschlösser bauen
Zungenblüten einfärben

    in der Angstdünung
mit dir Halt suchen

–JA ZUM LEBEN SAGEN

Dein Körper ein Riff

deine rispigen Worte ein Notenschlüssel

vertaumelt ineinanderverschlungen
Freiheit finden
LEBEN

•

Der Wind ein Pikkoloflötenton
einer Galaxie –

in der schwarzen Tollkirschenbeere
finde ich dich
LIEBE LUST ATEM GEIST

•

IV
Rauchsilbrig dein Atem
nachts

Deine Stimme wie eine rauchige Bratsche
        schattiert
von unbekannten Gestirnen

Schwindel befallen mich
beim Gesang
der dunkelroten Kuckucksblume

IN DER UNERMESSLICHKEIT
EINER MUSCHEL TRÄUMEN

•

Sterne
ein Blütendiagramm
einer Malve

der Wind ein Triangel –
die Vögel eine tintige Kalligrafie

•

Windblütler tanzen
im Traum
purpurhonigsaugend
in der Ichundduekstase

letzte Wahrheiten
zählen nicht

RAUCHSILBRIG
DEIN ATEM NACHTS

•

Mirabellensüss deine Lippen
        unsre Augen
        runden sich
                miteinander ineinander

eine grosse Dunkelheit
senkt sich nieder
                tuberkular

·

Ich kerne für dich
die Stunden aus
bin Mondkrater Wasserfrosch
Mandoline Rosenknospe

        umspielen wir uns
    in den Verwandlungen

·

Bewusstsein und Gefühl
können sich ins Unermessliche erweitern –
durch den Strudelwurm
die Ananasblüte
das Clavichord
die Transzendenz

GLOCKENKLÄNGE DES GEISTS

·

Flammend im Einen –
Ruhe und Bewegung
sind gegensatzlos

über Unterscheidungen lächeln
einander küssen

·

Abneigungen
Zuneigungen
Begierden zulassen

Grenzen überschreiten
durchdrungen bleiben
von allem

    ein Käfer krabbelt
    zum Mond hinauf
    und stimmt nickend zu

•

Mit Ragwurzsaft
sich in unbekannte Flugbahnen schleudern
nahe in den Entfernungen
    traumintraumeins
        im Auge des Igelfischs
        im Orionnebel

der Löwenzahn lacht
die Angst schabrackenschakalt

•

Wir legen uns nieder
in der Nacht am Ufer des Sees
atmen das Wispern ein

vergessen was wir wussten

•

Die Klagelieder Jeremias
hocken wie Krähen
in verbrannten Bäumen
rachitische Wolken düstern
schwermütig
im alten Gehäuse des Herzens

    doch mit dir
beginnt das Leben neu
FLAMMT LIEBE AUF

     •

Milchstrassen
wie Blaustreifenseenadeln –
der Traum von Gott
ein Rotfeuerfisch –
die Violinsaiten des Himmels
sind von Herzkammer zu Herzkammer
gespannt

    nichts Schöneres
als dich zu sehen zu hören
zu streicheln

     •

Lust salamandert
hinter dem grossen Wasserfall –
Geist färbt die Rosen rot
    Luft zittert vor Erregung

Flüsse der Sehnsucht funkeln
honigweingolden

in der Hypophyse lauert Untergang

Angst schwemmt Gift
an die Ufer des Traums

wenn ich in deinen Armen erwache
ist alles gut

•

Wie schön
das Oratorium der Galaxien
hinter deiner Stirn –

Fische blitzen im Weltallozean

trunken vor Seinslust
blühen Blumen
        singen Milchstrassen
küssen sich die Menschen

•

Rubinkehlkolibris
flattern wie Notenfähnchen
im mystischen Blau der Ferne –
Rumbakugeln rollen aus dem Himmel
Tempeltürme stehen da wie alte Bäume
ein Wikingerdrachenschiff teilt das Meer

        es ist die Zeit
        des Zackenbarschs
        der Gedichte schreibt

•

Hinter der Dunkelheit
flammt Jubel auf –
zu leben!

DU BIST

•

Das Weltall stürmt drauflos
im Höhlenfluss der Zeitlosigkeit

ein Kamel döst
auf der Wanderdüne

die Sonne ist ein alter Philosoph

WIR ZWEI BLEIBEN E I N S

•

Liebesworte sind wie eine Haffküste –

flimmrige zittrige Lichtpunkte
hinter dem Augenlid s i r r e n
schönheitsirr
lustwirr

IN DEN TRAUMRISSEN
BLITZT ES

•

Die einsame Tulpe zittert vor Freude
sie birgt das Universum in ihrem Kelch

wir setzen uns Mund an Mund

•

Lustgebuchtet
über Ursachen lachen

V I E R A U G E N V E R L I E B T
L E B E N U M A R M E N
K Ö R P E R U M K Ö R P E R T
G E I S T I N G E I S T

V
Im Wurzelgeflecht
nackt sein

Der Schleier der Täuschung brennt

ohne zu fragen
        aufstehen
            fortgehen
die Windsegel der Ringelblume suchen
in Spiralarmen Erinnerung finden
MIT DIR WEINEN
MIT DIR LACHEN

kein Vogelschatten
über den dunklen Strömen –

        hörst du die Glocken läuten
        bei den Sternenalgen?

        Schlaf
        sinkt in Erfüllung
in der Apotheose des Kusses

•

Kein Vogelschatten –
zwei dunkle Ströme vereinigen sich
in der Fraglosigkeit der Liebe

•

Eine Zitterpappel irrt übers Clavicembalo
und ritzt die Wolke im Herz

NACHTS ZUNGEAUFZUNGE
das Verhängnis
die Vergängnis

ich koste deine Lippenbeeren
in meinem Mund

•

Der Sultanspecht philosophiert –
        verfeinerte Anmut dein Körper

das Wehklagen wird Jubel

                    •

Nachtgefingert die Lust
        äolsharfend
            geisterleicht
EIN WINDKUSS
in den Oktaven der Liebe

– ich rede von dir
dich in mich einhüllend
                    zusammenfallend
im süssen Kern

                    •

Für Parmenides Empedokles und Demokrit
sind Denken und Seele dasselbe
        so köstlich
        sind die Vorsokratiker

der Rotohrfrosch die Riesenbarbe
die Rauschbeere der Orionnebel
der heilige Geist
wissen es besser
A L L E S   IST LUST UND LEID

                    •

Stufen hinaufgehen
hinuntergehen –
        einerlei

in den Transformationen
des Lichts des Winds
im Wurzelgeflecht
nackt sein
A T M E N

        •

Im Klarsein der Wesenskerne
      solaren und lunaren
die Natur des Geistes
die Visionen der Lust
s e h e n

BIS ZUR NEIGE LEBEN

        •

Du bist schön
wie der Sanddorn mit seinen Sternhaaren
          meine Lippen
      versinken selig darin

dein Wuchs eine krautige Binse
geil langschäftig

ICH BETE DICH AN

        •

Ich erwarte dich in mir
kenne keine Ruhe ohne dich

      im Sumpfveilchen
      singt ein Liebesgott

        •

Ich spiele auf der Klaviatur
der Galaxien der Schwäne der Seewellen
der hodenrunden Wolkenballungen
unsre Liebe unsre Lust
UNSRE NACHT

       •

Unwankbar das Vertrauen
wie Erdzeitalter –

Angst versteckt sich
im gleissenden Licht

       der Sonnengucker
       packt den Rucksack
       für den Marsch
       in weitere Millionen Jahre

       •

Freiheit *nicht* von Bindungen
sondern *in* Bindungen
im Fluss des Daseins

       die Welt brennt
       ich muss lachen

         Wind auf den Lippen
Zunge auf Zunge
es ist ein neuer Schöpfungstag

       •

Fahlblau orgelt der Fluss
in den Adern

    auflandig
    die dunkle Strömung

o Orakelfluch
der Mythologie

    wir zwei
wissen es heute besser

    •

Wir sitzen beieinander
beinüberbein
legen Sein und Nichtsein auf die Waage

GESCHLECHTAUFGESCHLECHT

    ein Gesang
    tropft auf unsre Körper
I R R   L I E B E N D

    •

Samtweich Haut an Haut
    fruchtig
      quellend
        sich umschlingend
       wie Galaxien

NACKTZUNACKTSICHANBETEND

    •

Dein Leib eine Moosbeere
        feinglöckelnd

Lust misst Lust aus
im moorigen Unermesslichen
wir fallen in Phallenflammen

•

Deine Nacktheit ein Neptun
in der Meerestiefe der Lust –

EIN WIDERSTRAHL GOTTES

        algenwurzlig

•

Brand stürzt in Brand
– ein ferner Gongschlag schmettert

Brustrippen im Weltall
wie Fackeln

DEINEHANDINMEINERHAND

•

Mit nichts zu vergleichen
die Täuschungen der Fülle der Leere
ALLES WIDERSPIEGELT DICH

du bist
in sich vollendete Schönheit

•

Sommersprossig
        rothaarig
                windgekraust
                        lendenwirblig –

DAS WELTALL BRENNT

ESSENZEN DER LUST
IM BEBENDEN KUSSINKUSS

•

Langschäftig ziehn Milchstrassen durch dich
ichundduaustauschend es ist eine Lust *zu sein*
Fülle und Leere ausbalancierend ernst in die
Luft zu schauen obwohl man lachen müsste
endlich wieder mal Dokumente fälschen da es
nicht draufankommt was wahr oder falsch ist
gehupftwiegesprungen das Nichts grüssend
SCHATTENDASEIN inszenieren aufatmen
als ob es etwas aufzuatmen gäbe täuschen wir
uns munter weiter lesen wir als Barbiturat
Mythen Epen Idyllen Zeitungen Geburt-
undtodesanzeigen was kümmert das die
Kometen Zaunrüben Meerbusenufer
LUSTVOLL ZU ATMEN IN DEINEN
ATEM EINTAUCHEN finde ich geistvoll ob
das wer verstehst oder nicht versteht ist
weitschweifig egal IM FISCHAUGE
GESCHIEHT SCHÖPFUNG findet sich
Verlorenheit im letzten übriggebliebenen Rest
schauen wir uns an wir bekommen niemals
genug uns unfasslich liebend anzuschauen DU

DU SCHAUST MICH AN UND SCHAUST
MICH AN ICH SCHAUE DICH IMMER
UND IMMER AN MIT JEDEM
ATEMZUG FALLE FALLE ICH IN DICH

VII
Aus dem Tagebuch
einer Schnirkelschnecke
Nachwort

Meine Surrealität ist erlebt, erfahren, ausgeweitet ins Grenzenlose hin, Wirklichkeiten umschichtend.

Ich liebe Cumuluswolken, Schauerniederschläge, Supernoven, Schuttströme, Kokospalmen, Tiefseemedusen, Gelbhaubenkakadus, Orgasmen, Fünfmastbarken, Visionen, Krummhörner (ein bisschen wie Phallen), Theokrits Idyllen, Mozartmessen, Vogelbeerblüten, Ozeane, Nachtschattengewächse: – und davon zu schreiben, zu singen, auch zu schweigen, das ist meine Kunst.

Ferner und gleichzeitig liebe ich die Botanik, die Zoologie, die Philosophie, die Musik, die Malerei, die Literatur, buddhistische Meditationen, Belcanto, das Seemannsgarn, die Mystik, die Teppichknüpfkunst, die Mythologie, die Gassensprache, die Glazialkosmogonie, die Meteorologie, die Biberbaukunst, den Vogelgesang, die Astronomie, die Lebensunruhe, Metamorphosen, das Spinnengespinst, die Traumwirrheiten, meine Schnirkelschneckentagebücher, aus meinem innersten Innern hervorgeholt – – – und was ich daraus mache (ich verwandle alles), ist meine Kunst, meine ureigene Art.

Es geht mir um die fassungslose Vielheit in einer geheimnisvollen Einheit. In den dunkelsten Traumtiefen höchste Sphären erreichen, «erkennend» im Gesang des Nichtwissens, in der Nacktheit der Schöpfung, in der unermesslichen Schönheit des

Sternenstaubs, in den brennenden Atemzügen
des taumelnden Augenblicks, wenn DU bei mir
bist. – ALLES kann mir zum DU werden.

Es ist eine FANTASIE, die die Wirklichkeit ist.
AUFFLAMMENDE LIEBE.

Leidenschaft ist Leben, nicht Weisheit. Liebe
ist Besitzlosigkeit, in ihr ist Vollkommenheit.
Um sich zu finden, muss man sich weit
verlassen, hin zu dir.

Ich bin kein Apologet meiner Sache, meines
Schreibens, ich wollte lediglich etwas
pfeiferauchend und weintrinkend clavicimbelt
haben.   pg

• • •

Paul Gisi, 1949 in Basel geboren, Primarlehrerpatent in Zug,
ein paar Jahre Schulpraxis, mehrere Aufenthalte in
Südfrankreich, verschiedenste kurzzeitige Berufe, viele Jahre
lang Korrektor in St. Gallen und Herisau.

Eine Vielzahl an Publikationen, vorwiegend Lyrik, aber auch
Kurzprosa, Sätze, Briefe; wenige Preise.

Lebt in Rorschach am Bodensee.

Homepage: www.zackenbarsch.ch
E-Mail-Adresse: zackenbarsch.gisi@gmail.com